UNE SOCIÉTÉ

PEUT-ELLE

RACHETER SES ACTIONS?

(Extrait du *Moniteur Judiciaire.*)

LYON

IMPRIMERIE MOUGIN-RUSAND

3, Rue Stella, 3

1882

UNE SOCIÉTÉ

PEUT-ELLE

RACHETER SES ACTIONS?

(Extrait du *Moniteur Judiciaire*.)

LYON

IMPRIMERIE MOUGIN-RUSAND

3, Rue Stella, 3

1882

DROIT ET DE JURISPRUDENCE

Une Société peut-elle racheter ses actions ?

Chacun sait que la Société de l'*Union générale* s'est ruinée, en rachetant très cher ses propres actions, aujourd'hui fort dépréciées. L'on s'est demandé, à ce propos quelle peut être la valeur juridique d'une semblable opération. Le *Moniteur judiciaire* a publié sur cette question le travail suivant :

Une société qui rachète ses propres actions, c'est-à-dire qui, en retour de ses titres qu'elle met dans sa caisse, donne de l'argent à ceux qui les lui cèdent, diminue son capital. Une action, en effet, n'a de valeur qu'autant qu'elle représente un intérêt dans la société, or, elle ne représente plus rien du moment que la société a désintéressé celui qui l'avait souscrite. Sans doute l'action rachetée retrouvera sa valeur, lorsque la société la revendra à un nouveau cessionnaire ; mais tant que l'action demeure dans sa caisse, elle est une non-valeur comme le titre de créance entre les mains du débiteur à qui le créancier l'a remis après le paiement, et par conséquent il y a diminution du capital social. La preuve, c'est que, si les actions sont dépréciées pendant que la société en détient un grand nombre, et si elle ne trouve plus personne à qui les céder, la société sera ruinée, son capital détruit.

En droit, il n'est pas douteux qu'une société ne peut pas racheter ses actions ; que le rachat consenti par elle est nul ; que les intéressés peuvent opposer cette nullité aux actionnaires vendeurs soit pour refuser de payer le prix d'achat, soit pour les obliger à restituer ce prix s'ils l'ont touché.

Les Tribunaux ont jugé maintes fois et tous les auteurs sont unanimes pour admettre que le rachat des actions d'une société en commandite opéré par le gérant est nul (1). La question n'est pas plus douteuse

---

(1) Cass. 12 avril 1842 — D. P. 42 — 1 — 246.
— 13 août 1856 — D. H. 56 — 1 — 343.
— 6 nov. 1865 — D. P. 65 — 1 — 479.
Poitiers 30 jan. 1867 — D. P. 67 — 2 — 142.
Cassation. 11 déc. 1866 — D. P. 67 — 1 — 499.
— 4 déc. 1869 — D. P. 70 — 1 — 179.
Riom. 22 fév. 1870 — D. P. 71 — 2 — 66.
Bourges 26 déc. 1870 — D. P. 72 — 2 — 222.
Cassation 18 fév. 1868 — D. P. 68 — 1 — 503.
Vavasseur T. 1. 382 et 725.
Alauzet T. 1. 450.
Boistel. P. 171.
Rousseau. v° 1053 et s.
Dalloz A. v° Société.
— V° 1295 1342, 1343.

pour le rachat des actions d'une société anonyme opéré par les administrateurs ou par le directeur délégué. C'est dans l'art. 1er de la loi du 24 juillet 1867 que l'on puise le motif juridique de cette nullité. Une société en commandite par actions, dit cette disposition, ne peut être définitivement constituée qu'après la souscription de la totalité du capital social et le versement par chaque actionnaire du quart au moins du montant des actions par lui souscrites. Il en est de même pour une société anonyme (art. 24). La souscription de la totalité du capital social intéresse les tiers qui consentent à traiter avec la société parcequ'ils ont confiance dans la garantie du capital dont la souscription est certifiée dans des actes rendus publics ; elles intéresse aussi tous les actionnaires qui sont liés les uns aux autres par le pacte' social dont l'une des conditions est l'engagement contracté par chacun d'eux jusqu'à concurrence de sa mise. Il est donc impossible que le capital une fois souscrit, les actionnaires une fois engagés personnellement pour le montant de leurs apports, le gérant ou les administrateurs de la société puissent détruire le capital en l'employant au rachat des actions, et libérer les actionnaires de leurs engagements en leur remboursant l'argent qu'ils ont versé.

Ce serait tromper les tiers dont le gage souffrirait une diminution ; ce serait violer le pacte social puisque les associés qui ont gardé leurs actions verraient leur responsabilité accrue de toute celle dont les actionnaires remboursés recevraient la décharge ; ce serait

violer l'art 1er de la loi du 29 juillet 1867, puisque
toute action remboursée cesse d'être souscrite ; enfin
ce serait violer les art. 26 et 33 du Code de commerce,
aux termes desquels les associés dans une société par
actions répondent des engagements de la société jusqu'à concurrence des sommes qu'ils ont mises ou dû
mettre dans la caisse de la société.

Les précautions rigoureuses prises par le législateur
pour assurer la sincérité de la souscription de la totalité
du capital et du versement du quart, deviennent inu-
tiles si la société a le droit de rendre aux souscripteurs
leur argent contre la remise de leurs titres c'est-à-dire
de racheter les actions. A quoi bon la déclaration du
gérant dans un acte notarié, l'état des versements effectués (art. 1er) et la liste nominative des souscripteurs
avec leurs nom, prénoms, qualité, demeure et le
nombre d'actions de chacun d'eux ; à quoi bon le dépôt
de toutes ces pièces au greffe du Tribunal de commerce et de la justice de paix et leur publication dans
un journal d'annonces légales (art. 55), si le lendemain
du jour où toutes ces formalités ont été remplies, où
les associés ont cru pouvoir compter sur leurs enga-
ments réciproques, où les tiers ont reçu l'assurance
d'un gage sérieux déposé dans la caisse de la société,
le gérant ou les administrateurs peuvent par une opération très simple, secrète, rembourser à quelques actionnaires leur part du fonds social ? Cet acte équivaut
à une liquidation partielle de la société, au détourne-
ment d'une partie de l'actif social au profit d'un ou de
plusieurs associés. N'est-il pas évident qu'il ne peut

avoir aucune valeur ? Il est nul d'abord vis-à-vis des tiers créanciers de la société parce qu'il tend directement à la destruction de leur gage sur lequel ils ont eu le droit de compter, grâce aux précautions légales qui assurent la sincérité de la souscription du capital ; ces précautions ne sont qu'un piège pour les tiers, si elles ne leur garantissent pas d'une façon absolue le versement du capital appelé. Il est nul même vis-à-vis de la société et des actionnaires qui ont gardé leurs actions, parce que, en violation du contrat de société, il a pour effet de remettre à quelques associés leurs engagements sans le consentement de toutes les parties liées par la convention.

« La faculté accordée aux souscripteurs de trans-
« férer leurs actions, dit la Cour de cassation dans son
« arrêt du 18 février 1868, ne leur conférant que le
« droit de se substituer un autre associé, ce transfert
« ne peut s'opérer qu'au profit d'un tiers et non au
« profit de la société elle-même, qui une fois consti-
« tuée ne peut pas en rachetant ses actions, réduire le
« capital social affecté à la garantie des tiers ; la mise
« une fois versée dans la caisse sociale devenant la
« propriété commune de tous les associés et le gage
« des créanciers sociaux, ne peut être retirée qu'à la
« suite d'une liquidation faite dans l'intérêt de tous ;
« il suit de là que toute convention intervenue entre
« le gérant et l'un des actionnaires, ayant pour résultat
« direct ou indirect de restituer à celui-ci la mise par
« lui versée ou de l'affranchir des versements restant à
« faire doit être réputée nulle et de nul effet comme

« contraire à la prohibition de la loi et à l'essence
« même de la société en commandite ».

L'associé dont l'action n'est pas entièrement libérée,
qui n'a versé qu'un quart par exemple, et qui reçoit du
gérant le remboursement de ce quart, demeure quand
même responsable des versements restant à faire, cela
est évident ; mais il faut admettre en outre que le remboursement du quart versé n'est pas valable et que
l'actionnaire est toujours tenu jusqu'à concurrence de
la totalité de sa mise. Je suppose une convention par
laquelle le gérant déclare qu'il fait remise à cet actionnaire des versements restant à faire, la convention serait nulle et l'actionnaire resterait tenu de tous ses
engagements : comment donc celui-ci pourrait-il par le
remboursement de ce qu'il a versé, être déchargé d'une
partie de ces mêmes engagements?

Il est surtout nécessaire d'admettre la nullité des
rachats d'actions opérés par la société, lorsque, comme
cela arrive souvent, ces rachats ont été faits au-dessus
du pair, ce qui suppose que la société, en remboursant
aux actionnaires vendeurs les versements effectués par
eux, leur a payé en outre la plus value que les actions
ont acquise sur le marché public. Si la société pouvait
employer son fonds social à un pareil usage, l'on
verrait cette chose inadmissible : des actionnaires,
responsables vis-à-vis des créanciers de la société,
s'appropriant le gage de ceux-ci, et trouvant leur
libération personnelle en même temps qu'un bénéfice dans un acte qui a pour conséquence d'aggraver
la responsabilité de leurs associés. L'actionnaire qui a

versé, je suppose, 500 francs et qui revend son action à la société au prix de 800 francs, retire son apport soit 500 francs et se fait remettre en plus par la société 300 francs, qui représentent pour lui un bénéfice prélevé sur le fonds social, gage des créanciers et propriété commune de tous les associés. C'est assurément une combinaison ingénieuse mais qui ne peut être admise, que celle qui permet à une personne débitrice vis-à-vis des uns, associée vis-à-vis des autres, de s'affranchir de ses engagements vis-à-vis de tous, tout en s'enrichissant avec ce qui forme le gage de ses créanciers et le bien commun de ses associés ; et de s'en affranchir comment? par la fraude du gérant ou des administrateurs dont cette personne est responsable comme actionnaire en face des tiers et avec tous ses associés.

Pourrait-on dire que le rachat des actions opéré par la société au-dessus du pair est nul seulement à concurrence de le mise que l'actionnaire s'est engagé à verser, mais que celui-ci peut conserver la portion du prix qui représente la plus value des actions ? Non, parce que si le rachat est nul, il l'est pour le tout et l'actionnaire ne peut garder aucune portion du prétendu prix qu'il a touché. Du reste toute convention qui tend à rembourser à l'actionnaire une somme au moins égale au prix d'émission, aurait pour effet d'affranchir la mise de cet associé dans le fonds social de toute contribution aux pertes de la société et serait atteinte par conséquent de la nullité prononcée par l'art. 1855 du C. civ.

Il est indifférent pour la nullité du rachat que les actions rachetées par la Société soient nominatives ou au
porteur. Si elles sont au porteur, il résultera seulement
de leur forme une difficulté de fait pour connaître
les porteurs qui les auront vendues, et par conséquent pour faire valoir la nullité du rachat. Si elles
sont nominatives, cette difficulté n'existera plus
et il y aura même une nouvelle raison à faire valoir
pour la nullité du rachat. La mutation de propriété
des actions nominatives a lieu par la formalité du
transfert sur les registres de la société. Lorsque
la société rachète des actions nominatives, le transfert ne se fait pas en son nom bien entendu ; ou bien
le transfert ne se fait pas du tout, tant que l'action
demeure dans la caisse de la société et le nom de l'a-
cheteur reste en blanc jusqu'au moment où la société
trouvera un preneur à qui elle revendra le titre qu'elle
ne détient que provisoirement, ou bien le transfert est
passé au nom d'un cessionnaire fictif, membre ou non de
la société. S'il n'y a pas de transfert, la nullité du rachat
est évidente : l'action nominative ne peut cesser d'appartenir à celui qui l'a souscrite qu'à la condition
d'être cédée régulièrement à un autre ; il n'y a pas
de vente sans acheteur, et il n'y a pas de transfert
régulier sans un cessionnaire qui l'accepte. Donc
l'action qui est déposée dans la caisse de la société
avec un transfert en blanc signé du cédant seul,
n'a pas cessé d'appartenir à celui-ci ; la vente qu'il
croit avoir consentie est nulle et tout intéressé peut
l'obliger à reprendre son titre et à remettre dans la

caisse sociale le prétendu prix qu'il a touché. S'il y a un transfert au nom d'un cessionnaire fictif, l'opération ne vaut pas mieux, si du reste, ce que nous supposons, le titulaire de l'action a été remboursé avec l'argent de la société ; c'est parce que la société ne peut pas donner cet emploi au capital social, qu'elle ne peut pas racheter ses actions ; il importe donc peu que l'opération faite avec ses fonds soit endossée par un tiers complaisant (1). C'est ainsi qu'il résulte de la forme nominative des actions, une impossibilité juridique pour la société de les racheter.

L'on trouve enfin dans la loi du 29 juillet 1867 un dernier argument à faire valoir pour la nullité du rachat des actions. Ce rachat, nous l'avons montré, équivaut à une diminution du capital social ; l'actionnaire qui vend ses actions à la société cesse d'en faire partie, et le capital de la société qui fait le rachat est diminué par le retrait de l'associé. Eh bien, la preuve que dans une société en commandite ou anonyme le capital social ne peut pas être diminué par le retrait d'un associé, en autres termes la preuve qu'une société en commandite ou anonyme ne peut pas racheter ni rembourser ses actions, résulte de l'art. 48 de la loi du 29 juillet 1867. Aux termes de cette disposition, il peut être stipulé dans les statuts de toute société que le capital social sera susceptible de diminution par la reprise totale ou partielle des apports effectués. Mais cette clause, lorsqu'elle est insérée dans les statuts, a pour

---

(1) Ch. civ. 4 déc. 1869 D. P. 70-1-179.

effet de donner à la société un caractère particu-
lier et d'en faire une société *à capital variable*, sou-
mise à des règles spéciales : son capital primitif ne
peut être supérieur à 200,000 francs ; les augmentations
que l'assemblée générale peut voter d'année en année
ne peuvent être supérieures à cette même somme ;
ses actions ne peuvent pas être mises au porteur. Il
résulte de là qu'il est impossible de stipuler dans
les statuts d'une société en commandite ou anonyme
que son capital pourra être diminué par la reprise des
apports effectués, c'est-à dire par le rachat des actions;
cela n'est pas possible, parce que une pareille clause,
si elle était stipulée, aurait pour effet immédiat de faire
passer la société anonyme ou en commandite dans la
classe des sociétés à capital variable et de la soumettre
aux règles spéciales du titre III de la loi du 29 juillet
1867.

La clause des statuts d'une société anonyme ou en
commandite autorisant le rachat des actions serait donc
illégale ; aussi n'est-elle jamais stipulée. Mais alors on
ne voit pas comment un acte que les statuts d'une société ne peuvent pas autoriser serait jamais valable.
Soutenir qu'une société de ce genre peut racheter ses
actions, c'est dire que son capital peut être diminué par
le retrait des apports effectués ; or cela n'est possible
qu'à la faveur d'une clause expresse des statuts qui
change le caractère de la société. Il est donc évident
qu'une société anonyme ou en commandite ne peut
jamais racheter ses actions.

Non seulement le gérant ou le directeur délégué n'a

pas ce droit, mais il ne peut le puiser ni dans une au-
torisation du conseil de surveillance ou d'administra-
tion, ni même dans une délibération de l'assemblée générale. (Bourges, 26 décembre 1870. — D. P. 72-2-
222.)

Cependant, dira-t-on, et l'amortissement ! une société n'a-t-elle pas toujours le droit, comme tout com-
merçant ou industriel prévoyant d'amortir son capital,
et quel autre moyen a-t-elle que le rachat des
actions ?

Sans doute une société peut rembourser les actions
pour les amortir, mais sous les conditions et avec les
garanties prévues par les statuts. L'amortissement n'a
point de rapport avec l'opération dont nous nous occu-
pons et n'en offre pas les dangers. Il ne produit pas la
diminution du capital social, parce qu'il est fait avec des
fonds prélevés sur les bénéfices. Ce qu'une société n'a
pas le droit de faire, c'est racheter ses actions avec son
fonds social ; en faisant cela elle détruirait elle-même
le gage qu'elle a annoncé aux tiers et modifierait les
rapports des associés liés par pacte social, sans le consentement de toutes les parties. Peut-être une société
anonyme n'a-t-elle pas non plus le droit de racheter
ses actions avec son fonds de réserve formé par le
prélèvement obligatoire d'une partie des bénéfices (art.
36 de la loi de 1867); lorsqu'une société anonyme con-
sacre au rachat de ses actions, son fonds de réserve,
elle détruit sans compensation une ressource dont elle
n'a pas la libre disposition, il semble qu'elle n'en a pas
le droit puisqu'il ne dépend pas d'elle d'avoir ou de

n'avoir pas un fonds de réserve. Mais ce qu'une société peut faire, c'est consacrer au rachat de ses actions comme à tout autre emploi l'argent dont elle dispose en dehors de son fonds social et de son fonds de réserve ; les bénéfices réalisés sont à sa libre disposition sous sa responsabilité : elle peut en faire un usage fructueux, elle peut les dissiper : elle peut donc les employer à l'amortissement, c'est-à-dire au remboursement de ses propres actions.

Qui a le droit de faire valoir la nullité du rachat des actions opéré par le gérant ou par les administrateurs ? La société elle-même tant qu'elle est *in bonis*. Les créanciers de la société ont le même droit parce qu'il peuvent toujours exercer l'action de leur débiteur (art. 166). La jurisprudence admet en outre que les créanciers de la société ont une action directe et personnelle contre les actionnaires pour les contraindre à faire leurs versements ou à restituer ce qu'ils ont reçu en remboursement de leurs mises. (Dall. P. 67 — 2 — 142 = Dall. A. vº société nº 1329 et 1333 = Dall. table des 22 années, vº société nº 519). Si la société est en faillite le droit d'agir appartient au syndic. En un mot, tous les intéressés peuvent faire valoir la nullité du rachat des actions, parce qu'il s'agit d'une nullité absolue fondée sur des motifs d'ordre public et sur l'intérêt des tiers (cass. 18 fév. 1868 = D. P. 68 — 1 — 503).

La nullité des rachats d'actions soulève une objection qui paraît sérieuse au premier abord. La conséquence de cette nullité c'est que tous les intéressés peuvent l'opposer aux actionnaires qui ont vendu leurs

actions à la société soit pour les obliger à **reprendre**
leurs actions en restituant le prix, soit pour faire valoir la nullité du contrat s'il n'est pas encore exécuté.
Mais, dira-t-on, les actionnaires qui ont vendu leurs actions à la société peuvent être de bonne foi. Le plus
souvent ils les ont vendues à la Bourse par l'intermédiaire des agents de change sans connaître leur acheteur, sans savoir que cet acheteur était la société elle-
même. Est-il juste de leur faire subir les conséquences
d'une irrégularité qu'ils ne connaissaient pas et qu'ils
ne pouvaient pas connaître et de les obliger, eux, vendeurs de bonne foi, à reprendre leurs actions et à restituer le prix qu'ils ont reçu ?

Il suffit pour faire tomber l'objection de répondre que
les propriétaires d'actions qui les ont vendues à la société ne sont pas des tiers mais des actionnaires. Tenus
en cette qualité, comme les autres associés, jusqu'à
concurrence de leurs mises de tous les engagements de
la société, ils répondent pour leurs parts de la fraude
du gérant ou des administrateurs. Comment pour-
raient-ils donc invoquer l'acte frauduleux de leur man-
dataire, c'est-à-dire le rachat des actions, pour pré-
tendre qu'ils ont cessé d'être actionnaires? peuvent-ils
puiser dans la fraude de ceux dont ils sont responsables
avec tous les associés et vis-à-vis des créanciers sociaux, un moyen de se dire libérés de leurs engagements ? peuvent-ils trouver dans une fraude dont ils
répondent une occasion de s'enrichir au préjudice des
autres associés et des créanciers, en recevant avec une
plus value le remboursement des apports versés par eux?

Si l'on admet que la société ne peut pas racheter ses actions parce qu'elle ne peut pas remettre à quelques associés, leurs obligations au préjudice des autres et des créanciers, il faut bien admettre que la bonne foi des actionnaires de qui elle opère le rachat ne peut pas le valider. Qu'importe la bonne foi d'un actionnaire, lorsqu'il s'agit de ses engagements vis-à-vis de ses associés et de ceux de la société vis-à-vis des tiers ! est-ce que tous les jours des actionnaires de la meilleure foi du monde ne sont pas trompés, ruinés par l'impéritie ou la faute de leurs mandataires ? un actionnaire ne peut jamais invoquer sa bonne foi pour se mettre à l'abri des fautes dont il répond ; il ne peut donc pas l'invoquer pour se soustraire aux conséquences de la nullité du rachat de ses actions opéré par la société (1).

En tous cas, les associés sont tous sur le même pied, jouissant des mêmes droits, tenus des mêmes obligations : il est donc impossible que la fraude du gérant puisse créer au profit de quelques-uns une situation privilégiée ; ou ils en répondent tous au même titre, et alors nul ne peut s'en prévaloir contre les autres, ou aucun d'entre eux n'en répond et il faut alors annuler vis-à-vis de tous l'acte frauduleux du gérant.

L'actionnaire vendeur de bonne foi de ses actions à la société, tenu de subir les conséquences de la nullité de la vente n'a que la ressource d'agir en responsabilité contre les auteurs du dommage, Il peut agir d'abord contre le gérant ou les administrateurs responsables de

---

(1) Arrêt de Nîmes, rejet du pourvoi D. P. 65 — 1 — 479.

leur faute. Il peut agir en outre contre l'agent de change qui a acheté pour le compte de la société et qui a prêté sciemment son concours à un marché irrégulier. S'il s'agit de titres au porteur, cette seconde garantie manquera le plus souvent à l'actionnaire vendeur, parceque la simple tradition suffisant à opérer la cession des titres, l'agent de change n'aura pas de moyen de connaître le véritable acheteur et sera lui-même de bonne foi ; sur l'ordre d'acheter transmis par la société il peut croire que l'ordre est donné pour le compte d'un client de celle-ci. Du reste le rachat des actions au porteur ne peut guère donner lieu à la demande en nullité à cause de la difficulté de connaître les porteurs qui les ont vendues. Mais, s'il s'agit de titres nominatifs, l'agent de change qui les achète doit veiller à la formalité du transfert. Il ne peut donc pas ignorer l'irrégularité de l'opération, si celle-ci est faite pour le compte de la société ; rien de plus juste qu'il réponde vis-à-vis de ceux qui en souffrent des conséquences de sa faute dans l'accomplissement d'un acte de son ministère.

Il est vrai que ces recours seront quelquefois inefficaces pour garantir les actionnaires qui auront vendu leurs actions à la société contre la nullité du rachat ; mais cela ne peut avoir aucune influence sur le sort de l'opération elle-même. Au surplus, quelle est au juste la situation des actionnaires qui vendent par l'intermédiaire des agents de change leurs actions à la société ? Parmi eux, il y aura souvent des syndicats à la baisse, agissant dans un but de spéculation ou pour ruiner le crédit de la société et jetant sur le marché une grande quantité de ses titres ; ceux-là sont peu intéressants, et personne ne les plaindra, si, victimes de leur attaque déloyale, ils sont condamnés à rester titulaires des actions qu'ils ont voulu vendre pour provoquer la baisse. Il sera parfois difficile de les connaître, parceque ce sont des vendeurs à terme, opérant au besoin (par un singulier abus), sur des actions nominatives sans remplir la formalité du transfert. Cependant, cela n'est pas impossible. Le demandeur en nullité du rachat assignera le titulaire de l'action dont le nom est le dernier inscrit sur le registre des transferts : à son tour, celui-ci trouvera dans l'art. 11 de l'arrêté du 27 prairial an x, le moyen de connaître le spéculateur qui a vendu le titre à la société. L'arrêté du 27 prairial an x est la disposition qui crée par son art. 19 l'obligation du secret professionnel pour les agents de change ; il ajoute dans son art. 11 que les agents de change doivent consigner leurs opérations sur des carnets *qu'ils sont tenus de représenter aux juges*. L'agent de change pourra d'autant moins refuser de faire connaître le nom de son client, qu'il aura lui-même commis une faute grave en opérant à terme sur une valeur nominative, sans se préoccuper de la formalité légale du transfert.

Enfin l'actionnaire qui a vendu ses actions à la société peut être un titulaire sérieux qui a agi avec une entière bonne foi. Si on annule le rachat, ses intérêts seront lésés. Mais en quoi consistera le préjudice ? Peut-il dire que la société en rachetant ses actions lui a causé un dommage ? Non, parce que si la société a racheté elle-même ses actions, c'est parce que personne n'en voulait et pour maintenir les cours menacés. Si la société n'eût pas acheté, l'actionnaire n'eût pas trouvé d'acheteur ; il ne peut donc pas dire que la société en se présentant comme contre partie l'a empêché d'avoir un cessionnaire sérieux. En définitive, le seul préjudice qu'il éprouve consiste à perdre la situation privilégiée que lui avait faite la fraude du gérant ou des administrateurs. Il était actionnaire responsable avec tous les associés des engagements de la société, et il s'est trouvé tout à coup dégagé en vendant ses actions à la société et en recevant d'elle avec le remboursement de sa mise une plus-value fournie par le capital social ; si plus tard, à la demande d'un intéressé, il est privé du bénéfice qu'il avait cru trouver dans cette opération, il ne perd en somme que ce qu'il n'avait pas le droit d'acquérir, c'est-à-dire un avantage prélevé sur le bien commun de tous les associés et sur le gage des créanciers.

On ne voit donc même pas où est le préjudice dont il peut se plaindre. Par conséquent, de même que sa bonne foi est indifférente, il importe peu qu'il soit assuré d'un recours efficace ; dans tous les cas, il doit subir les conséquences de la nullité du rachat. S'il a touché le prix de ses actions, il doit le rendre contre la remise de celles-ci ; si l'exécution du marché n'a pas encore eu lieu, il ne peut pas l'exiger.

Al. Poidebard,

Avocat, Professeur à la Faculté libre de Droit

Lyon. — Impr. P. Mougin-Rusand, rue Stella, 3.